HF466645

DE LA POSSIBILITÉ
D'UNE CONVERSION
DE LA RENTE 5 POUR 100,

SANS METTRE DE LA PERTURBATION DANS LES FINANCES DU GOUVERNEMENT, ET SANS COMPROMETTRE L'AVENIR DES RENTIERS ACTUELS;

~~Par un tout~~ PETIT, Petit, Petit, Petit RENTIER.

20 centimes.

Chez L'AUTEUR, rue Saint-Martin, 76, au coin de celle Rambuteau,

ET CHEZ LES LIBRAIRES.

1845.

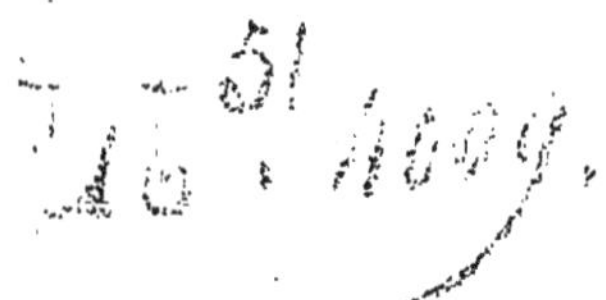

Imprimerie de Chassaignon, rue Gît-le-Cœur, 7.

SUR LA CONVERSION

DE LA RENTE 5 P. CENT.

Voilà la quatrième fois que le projet de loi sur la conversion des rentes 5 pour cent est rejetté, et peut être qu'il se représentera encore bien des fois avant d'être adopté, si l'on n'en change pas les dispositions, et si l'arbitraire dont une pareille loi serait entachée n'en disparait pas.

Car, si d'une part on craint de nombreuses demandes de remboursement immédiat, d'une autre part ne doit-on pas craindre de commettre la plus grande injustice en attaquant des droits acquis, et en dépouillant les rentiers actuels d'une partie de leurs revenus. Cependant MM. les rentiers qui sont essentiellement intéressés dans cette question doivent se tenir sur leurs gardes, et craindre qu'un tel projet qui leur serait on ne peut plus préjudiciable, ne soit enfin adopté. C'est donc dans leur intérêt, et avec l'intention de leur faire ouvrir les yeux sur leur position que je publie cette brochure, dans laquelle j'indique le remède après avoir signalé le mal.

Il est certain d'abord que dans le moment actuel, où tous les capitalistes, gros et petits, se tournent vers les nombreuses entreprises des chemins de fer, et y versent leurs capitaux, dans l'espoir (peut-être trompeur) de réaliser des bénéfices en revendant leurs actions, ou d'en recevoir un intérêt élevé; il se ferait de nombreuses demandes de remboursement auxquelles le trésor se verrait bien embarrassé de répondre.

On le ferait avec d'autant plus de raison que l'on aurait à craindre tôt ou tard, de la part du gouvernement, de nouvelles réductions. Car, comme il n'y a que le premier pas qui coûte, sans doute que le gouvernement ayant réussi une première fois, ne s'en tiendrait pas là, et viendrait bientôt présenter un nouveau projet de loi, et demander la réduction de la rente à 4 pour cent au lieu de 4 1/2 où elle serait restée, si le dernier projet de loi eût été adopté.

D'un autre côté ne serait-il pas souverainement injuste de forcer ces modestes rentiers, classe essentiellement intéressante, et dont la plupart possèdent seulement quelques centaines de francs de rente, qu'ils ont amassées à force de privations, de travail et d'économie, à souffrir une réduction, et se voir dépouillés d'un 5e de leurs revenus, soit même d'un 10e aux termes du dernier projet de loi. Car, si ces petits rentiers ont placé leurs épargnes entre les mains du gouvernement, plutôt que de les placer chez des particuliers, où ils auraient pû les placer plus avantageusement, n'est-ce pas parce qu'ils sont exempts d'ambition ; qu'ils savent se contenter de peu, et qu'ils ont dû croire être tranquilles pour leur avenir et sur leurs vieux jours? Et s'il s'est trouvé de nombreux adversaires des quatre projets de loi qui ont été présentés sur cette matière depuis vingt ans, n'est-ce pas la crainte de porter le trouble et la désolation dans ces familles, aussi bien que celle de porter la perturbation dans les finances du gouvernement qui les a suscités.

Par exemple : si cette loi n'eut atteint que les spéculateurs et joueurs de bourse, qui font un trafic scandaleux de leurs capitaux et dont les résultats leur sont souvent désastreux ; il est certain que dès le premier projet sur cette matière, qui a été présenté en 1824 sous le ministère Villèle, cette loi aurait été adoptée. Car tout le monde sait qu'il se fait à la Bourse un trafic dont l'immoralité dépasse peut-être les jeux de roulette et autres jeux de hasard qui ont été supprimés; et avec lequel, si quelques-uns s'enrichissent, il en est beaucoup qui se ruinent, et entraînent dans leur perte ceux qui ont eu la bonhomie de leur confier leurs capitaux.

On ne s'est donc pas assez occupé dans ces divers projets de loi de faire des distinctions, et on a englobé dans la même cathégorie les rentiers et les joueurs de Bourse. Différence qu'il eût été nécessaire de faire.

Il existe encore d'autres classes de rentiers ; et outre les établissemens de bienfaisance, les tontines et autres caisses dont les fonds sont placés sur le trésor, pour lesquelles il s'était fait de nombreuses réclamations, et d'après lesquelles on avait établi des distinctions, il y a les usufruitiers, qui n'ont pas la latitude d'opter entre une réduction et un remboursement, et qui, pour la plupart ne jouissent de ces rentes, dont la nue-propriété doit retourner à des tiers ou aux héritiers directs, qu'en vertu d'une donation ou d'un testament fait en leur faveur, soit en raison de longs et importans services qu'ils auraient rendus aux testateurs, soit par tout autre motif aussi spécieux. Et comme pour beaucoup, cette rente est extrêmement minime, si on leur en retire la moindre parcelle, ils seront nécessairement privés de leur modique nécessaire. Dailleurs les dispositions testamentaires sont choses sacrées, et le gouvernement moins que tout autre, ne doit pas les violer.

Ce serait donc d'un funeste exemple de la part du gouvernement de violer aucune des dispositions testamentaires d'un mourant, car si, vous gouvernement, vous violez ces dispositions, que direz-vous à un particulier qui les violerait lui-même? N'aurait-il pas le droit de vous dire : Je n'ai fait que suivre votre exemple ?

C'est donc là une question excessivement délicate et qu'il était nécessaire de bien examiner avant de la résoudre.

D'un autre côté ; si, conformément à l'une des dispositions du dernier projet de loi, art. 4, où il était dit : — Le nu-propriétaire et l'usufruitier s'entendront ensemble pour opter entre la conversion et le remboursement, — les deux parties intéressées n'étaient pas d'accord? Ne serait-ce pas la source de contestations et de procès sans fin? Il est vrai qu'il eut suffi que l'une des deux parties refuse de se prononcer pour que le trésor soit autorisé à déposer le capital de la rente à la caisse des consignations qui paye 3 pour 100 d'intérêt. Alors ce serait le sujet de querelles, de contestations et d'animosités entre des personnes, qui, peut-être sont obligées de vivre ensemble, ou d'avoir de fréquentes relations. On sait qu'il y a beaucoup de pères et mères qui jouissent de l'usufruit seulement et dont la nue-propriété appartient à leurs enfants. En cas de dissidence (ce qui ne manquerait pas d'arriver), je demande si la désunion ne se mettrait pas au sein de la famille ? et comment ces pères et mères s'y prendraient pour forcer leurs enfans à leur tenir compte du surplus des intérêts que la caisse leur payerait en moins ? Et si, l'usufruitier, fasciné par l'espoir d'augmenter son revenu, en entrevoyant un placement plus avantageux que celui qu'il possède actuellement, consentait au retrait du capital de sa rente ? et que plus tard il se trouve dans le cas de le perdre, par la déconfiture ou la faillite de celui chez qui ses fonds auraient été replacés ? Je demande s'il n'aurait pas raison d'accuser le gouvernement d'être l'auteur de sa misère et de sa ruine ? D'où je conclus que cette disposition n'était pas plus légale que les autres.

D'un autre côté encore : si c'est un mineur ou un interdit qui est usufruitier ? le tuteur prendra-t-il sur lui de demander ou ne pas demander le remboursement ? Dans l'un et l'autre cas, et pour mettre à couvert sa responsabilité ; ne sera-t-il pas obligé de consulter le conseil de famille ? et pour ce, d'en provoquer la convocation ? Tout le monde sait que ces convocations ne se font qu'en présence du juge-de-paix, et qu'il en résulte des frais, qui, souvent absorberaient tout ou la majeure partie d'une année de rentes, qui, souvent aussi, suffisent à peine à l'éducation et à l'entretien du mineur ou de l'interdit. Comment alors les personnes dont ils sont à la charge feront-ils pour pourvoir à leur nécessaire, lorsqu'ils auront été obligés de distraire de leur revenu, les frais de cette convocation et autres frais accessoires ?

Il est une foule d'autres inconvéniens qu'il serait facile de signaler si l'on voulait donner à cet ouvrage plus d'extension que l'on ne se le propose.

On a objecté, que le gouvernement devait avoir le droit de se libérer de même que les particuliers. Je suis loin de lui contester ce droit, mais le gouvernement ne doit l'exercer que d'une manière légale, et je ne sache pas qu'aucun des orateurs qui ont parlé en faveur du dernier projet de loi, ait résolu cette question d'une manière bien positive.

D'abord : qu'est-ce que vend le gouvernement? le gouvernement vend de la rente et non un capital, et, n'importe à quel prix on l'aurait achetée, il doit la payer au taux stipulé dans son obligation.

Je soutiens donc, qu'il est illégal et même arbitraire de la part d'un gouvernement, de dire : — Je me suis engagé à vous payer 5 francs de rente, mais par le droit que j'ai de faire des lois, c'est-à-dire par le droit du plus fort, je réduis votre rente à 4 1/2, ou, si vous ne voulez pas souffrir cette réduction, je vous rembourserai à raison de 100 francs ce que vous avez acheté 122 francs. — Ne serais-ce pas là une véritable banqueroute ?

Je demande, si, lorsque la rente était au-dessous du pair, les rentiers auraient été reçus à demander au gouvernement de les rembourser à raison de 100 francs par chaque 5 francs de rente ?

Je dirai donc qu'il faut respecter les droits acquis, et le gouvernement n'a pas plus le droit d'y toucher que les simples particuliers. Car, lorsqu'un particulier contracte un engagement envers un autre, il est tenu à cet engagement tant qu'il existe ; il doit en être de même de la part du gouvernement. Lorsque vous lui prêtez vos fonds, vous vous engagez envers lui à les lui laisser indéfiniment, et le gouvernement s'engage envers vous à vous en payer la rente au prix convenu (car il n'est pas d'engagement sans réciprocité). Donc, si vous ne pouvez pas exiger du gouvernement qu'il vous rembourse le prix que vous lui avez acheté, il ne peut non plus exiger de vous que vous consentiez à une réduction de votre rente, ou à un remboursement au-dessous du prix que vous lui avez acheté.

Vous ne pouvez donc que céder votre titre à un autre particulier, s'il s'en trouve un pour vous l'acheter, dans le cas contraire vous êtes obligé de le garder ; et comme vous ne pouvez céder ce titre qu'au moyen d'un transfert fait par un agent du gouvernement, remarquez bien que c'est le gouvernement qui vend lui-même votre titre, quoique ce ne soit pas lui qui vous en paye le prix, et qu'il s'engage envers le nouveau titulaire comme il s'était engagé envers vous ; sans que vous demeurassiez garant envers ce dernier.

Remarquez bien encore, à l'appui de mon assertion; que deux particuliers peuvent se céder mutuellement un droit privé, et qu'ici au contraire, vous ne pouvez céder votre droit sans l'intervention du gouvernement.

Or, c'est d'après ces raisonnemens que je dis : puisque l'on veut une loi qui réduise le taux de la rente, il faut que cette loi approche des limites de la légalité autant que possible si elle ne peut les atteindre, c'est ce que fera la mesure que je propose.

Je dis donc : il n'est qu'un moyen pour parvenir à opérer la conversion des rentes 5 pour 100 en 4 pour 100, sans porter atteinte aux droits acquis, et sans qu'il se fasse aucune perturbation, ni dans les finances du gouvernement, par la possibilité d'un remboursement immédiat, ni chez les porteurs actuels d'inscriptions, par la crainte d'une réduction. Le gouvernement a pris l'engagement envers tous les porteurs actuels d'inscription de rente 5 pour 100, de leur payer 5 pour 100, dont le capital n'est pour eux qu'une valeur fictive, et qui ne peut être une valeur réelle puisqu'elle est sujette à fluctuation, mais il n'a pris aucun engagement envers leurs héritiers ni envers les porteurs futurs. Le gouvernement doit donc respecter cet engagement, jusqu'au moment où ces inscriptions passeront en d'autres mains, soit par la volonté des porteurs actuels, soit lors de leur décès ; mais il peut dire aux porteurs futurs : — Si vous achetez de la rente 5 pour 100, je vous préviens que je ne vous la servirai qu'à 4. C'est à vous à savoir ce que vous avez à faire avant d'acheter, et dire au porteurs actuels : Je maintiendrai l'engagement que j'ai contracté envers vous, mais je vous préviens que si vous vous désaisissez de vos titres, je ne payerai à vos successeurs que 4 pour 100.

Quelques-uns viendront dire sans doute : — Je n'ai acheté de la rente que pour placer mes capitaux momentanément, et avec l'intention de les retirer pour m'en servir ailleurs quand bon me semblera; par la mesure que vous prenez aujourd'hui, vous m'empêchez de revendre au prix que j'ai acheté et me mettez dans le cas de perdre une partie de mon avoir. Celui qui tiendrait ce langage pourrait être considéré comme un joueur, et le gouvernement aurait le droit de lui répondre, souvent avec raison : — Vous avez acheté de la rente avec l'intention de spéculer sur la hausse et de réaliser des bénéfices, et comme je ne vous ai vendu que de la rente et non un capital, il doit vous suffire de savoir que je continuerai à vous la payer au taux convenu ; mais je suis libre de la payer à un autre moins que je ne vous la paye à vous ; c'est à vous à la garder si vous craignez de ne pas la revendre au prix que vous l'avez achetée ; le gouvernement pourrait ajouter : d'ailleurs vous savez que je ne m'immisce pas dans le prix des transactions qui se font entre particuliers, j'ignore donc si vous avez acheté au-dessus ou au-dessous du pair.

C'est en conséquence de ces divers raisonnemens que je proposerais une loi dont les principales dispositions seraient ainsi conçues :

1° A dater de la promulgation de la présente loi, aucune inscription de rente ne sera cotée à la bourse au-dessus de 4 pour 100.

2° A dater de cette époque, les porteurs actuels d'inscriptions ne pourront plus les vendre au-dessus de ce taux.

3° Néanmoins, les porteurs actuels d'inscriptions de rente 5 pour 100, continueront à en être payés à ce taux tant qu'ils en seront propriétaires,

4° Lors de leur décès, leurs héritiers ou ayant droit ne recevront plus que 4 pour 100, si mieux ils n'aiment être remboursés à raison de

100 francs par chaque 5 francs de rente de leur auteur.

5° Ces héritiers ou ayant-droit seront tenus, dans l'intervalle qui existera entre la date du décès de leur auteur et le 22 mars ou 22 septembre suivant, ou dans les trois mois de la date de ce décès, s'il se trouvait rapproché de l'une de ces deux époques de moins de trois mois, d'en faire la déclaration, et d'opter entre le remboursement ou la conversion de leur inscription en 4 pour 100.

6° Ceux qui négligeraient de faire cette déclaration ou cette option dans ces délais, seront passible d'une amende (*qui sera déterminée*), et ne seront plus aptes à opter.

7° Les juges-de-paix, notaires et autres officiers publics qui assistent ordinairement aux levées de scellés et aux inventaires dans les successions, sont tenus de faire la déclaration prescrite par l'article 5 dans les délais, si les héritiers ou ayant-droit ne leurs justifient pas l'avoir faite eux-mêmes.

8° Néanmoins, les intérêts des inscriptions de rente 5 pour 100 continueront d'être payées à ce taux aux héritiers ou ayant-droit des porteurs actuels, jusqu'au premier semestre à écheoir à la suite de leur décès, c'est-à-dire jusqu'au 22 mars pour ceux qui seront décédés depuis le 22 septembre précédent, et jusqu'au 22 septembre pour ceux qui seront décédés depuis le 22 mars.

9° Les dispositions de la présente loi sont applicables aux porteurs d'inscriptions 4 1/2 p. 100 proportionnellement à la valeur de ces inscriptions.

10° Une ordonnance royale déterminera le mode à suivre pour faire la déclaration ou option prescrite en l'art. 5.

11° Après le 1er janvier de chaque année, le ministre des finances rendra compte aux chambres du résultat des opérations de l'année précédente, etc., etc.

On voit qu'au moyen de ces dispositions, le gouvernement bénéficierait d'un cinquième de la rente au fur et à mesure des décès des rentiers actuels, ou ne serait tenu au remboursement que successivement, et par ce moyen il éteindrait sa dette, mais à la longue, sans secousse, et sans craindre de nombreuses demandes d'un remboursement immédiat qui mettraient de la perturbation dans l'état de ses finances.

Et les rentiers n'auraient pas à craindre une réduction, et seraient assurés de leurs revenus actuels tout le temps de leur existence.

Cette loi n'atteindrait donc que les spéculateurs ou joueurs de bourse et ferait sans doute cesser un scandale qui n'est que trop patent, et un jeu qui, comme je l'ai déjà dit, produit souvent des résultats désastreux.

Je sais qu'il y en a qui me diront : — Mais vous proposez ici une mesure qui entrainera une longueur de temps extraordinaire et qui ne produira pas des résultats aussi prompts qu'il est à désirer. — A ceux-là je répondrai : — Il vaut mieux une mesure lente et qui devra produire des résultats certains, qu'une mesure violente dont les résultats pourraient être désastreux (car l'on sait que les plaintes d'un seul, lorsqu'elles sont dirigées contre le gouvernement, ont plus de retentissement que les louanges de dix mille qui lui seraient adressées).Et, lorsque cette loi a été proposée pour la première fois en 1824, si elle eut contenu les dispositions que je propose, je demande combien aujourd'hui le gouvernement aurait à servir de rente 5 p. 100? car l'on sait aussi que les rentiers pour la plupart, sont des personnes âgées et qu'il en meurt tous les ans considérablement.

D'ailleurs, serait-on certain qu'une loi, dont les dispositions seraient semblables à celles qui ont été proposées jusqu'alors serait adoptée la session prochaine ? Et, en considérant la masse des rentiers actuels, n'y aurait-il pas à craindre (entraînés l'un par l'autre), qu'ils ne demandent leur remboursement immédiat ? Le trésor serait-il en mesure de disposer de plusieurs milliards, si au cas ils lui étaient demandés ? L'on me dira alors, le gouvernement se réserverait le droit de suspendre le remboursement, si au cas il ne pouvait y suffire ; ce serait un nouvel arbitraire ajouté au premier ; car, comment refuser à une personne le remboursement qu'elle demanderait, et aurait le droit de demander en vertu de cette loi, sans user d'arbitraire et sans commettre l'injustice la plus criante.

Je le répète donc, la mesure que je propose est la seule admissible en ce qu'elle est moins entachée d'injustice et d'arbitraire à l'égard des porteurs actuels, que celles qui ont été proposées jusqu'à présent, et qu'il est certain qu'elle éviterait une perturbation dans les finances du gouvernement.

GUILLIEZ.

Je joins le texte du projet de loi adopté par la Chambre des Députés dans sa séance du 25 avril 1845, pour les personnes qui n'en auraient pas eu connaissance.

ART. 1

Le Ministre des Finances est autorisé à effectuer le remboursement des rentes 5 pour 100 inscrites au grand livre de la dette publique, à raison de 100 fr. pour 5 fr. de rente, ou a en opérer la conversion en nouvelles rentes 4 1/2 pour 100.

Tout propriétaire de rentes 5 pour 100, qui dans les délais ci-après fixés n'aurait pas demandé le remboursement, recevra en échange de son inscription un autre titre à raison de 4 fr. 50 c. de cette rente nouvelle pour chaque 5 fr. de rente ancienne.

Pour ce nouveau fonds de 4 1/2 pour 100 l'exercice du droit de remboursement est suspendu pendant dix années, à compter de l'échéance du semestre pendant lequel l'opération du remboursement aura été terminée.

ART. 2.

La demande de remboursement devra être produite dans les vingt jours qui suivront la date de l'ordonnance rendue sur la mise à exécution de la présente loi.

Ce délai sera porté à deux mois pour ceux qui se trouveraient hors de France, mais en Europe ou en Algérie, et à un an pour ceux qui se trouveraient hors d'Europe ou d'Algérie, sans que cette exception puisse entraîner la prolongation des termes fixés par les deux derniers paragraphes de l'art. 1er.

Art. 3.

En ce qui concerne les propriétaires de rentes qui n'ont pas la libre et complète administration de leurs biens, l'acceptation de la conversion sera assimilée à un acte de simple administration, et sera dispensée d'autorisation spéciale et de toute autre formalité judiciaire.

Art. 4.

Pour la rente grevée d'usufruit, la demande de remboursement devra être faite par le nu-propriétaire et l'usufruitier conjointement. Si elle est faite par l'un des deux seulement, le trésor sera valablement libéré en déposant à la caisse des consignations le capital de la rente.

Si le dépôt résulte du fait de l'usufruitier, celui-ci n'aura droit jusqu'à l'emploi qu'aux intérêts que la caisse est dans l'usage de servir.

S'il résulte du fait du nu-propriétaire, ce dernier sera tenu de bonifier à l'usufruitier la différence entre le taux des intérêts payés et celui de 4 1/2 pour 100.

Toutefois, il n'est porté aucune atteinte aux stipulations particulières qui règlent le droit du nu-propriétaire et de l'usufruitier.

ART. 5.

Pour les rentes affectées à des majorats, si le remboursement est demandé par les titulaires, le capital sera déposé à la caisse des consignations, pour, le remploi en être fait conformément à la législation spéciale des majorats.

ART. 6.

Le Ministre des Finances est autorisé pour effectuer le remboursement des rentes 5 pour 100 :

1° A négocier les bons du trésor.

2° A faire inscrire s'il en est besoin, sur le grand livre de la dette publique, des rentes 4 pour 100, dont la négociation devrait être faite avec publicité et concurrence.

ART. 7.

Des ordonnances royales, insérées au bulletin des lois, détermineront, dans les limites prescrites par la présent loi, le mode, les délais et les formes dans lesquels le remboursement et la conversion devront être réalisés.

Art. 8.

La part d'amortissement attribuée aux rentes qui viendront à être remboursées ou converties, sera transportée aux rentes qui leur seront substituées à partir du jour de l'inscription de ces nouvelles rentes sur le grand livre de la dette publique.

Ce transport, conformément à l'art. 1er de la loi du 10 juin 1833, indiquera séparément le montant des dotations et celui des rentes rachetées.

Art. 9.

Tous titres ou expéditions à produire pour le remboursement ou la conversion des rentes 5 pour 100, en tant qu'ils serviraient uniquement aux opérations nécessitées par la présente loi, seront visés pour timbre et enregistrés gratis, pourvu que cette destination y soit exprimée.

Art. 10.

Les rentes appartenant à la Légion d'honneur, à la caisse des Invalides de la marine et aux hospices, dont le remboursement ne serait pas demandé seront converties en nouvelles rentes 4 1/2 pour 100.

Il sera ouvert à un chapitre spécial du budjet de la dette publique, un crédit égal à la somme nécessaire pour maintenir auxdits établissemens leurs revenus actuels tant qu'ils conserveront la propriété de leurs rentes.

En cas d'aliénation par un établissement, de tout ou partie de ces rentes, le payement du supplément d'intérêt cessera jusqu'à concurrence.

ART. 11.

Le Ministre des Finances, etc.

Je prie MM. les rentiers et toutes personnes plus ou moins intéressées, de vouloir bien comparer le projet de loi que je propose avec celui que l'on vient de lire, et à voir quel des deux est préférable, non seulement dans l'intérêt des rentiers eux-mêmes, mais encore dans l'intérêt du gouvernement et de sa tranquillité.

A MM. les Rentiers.

MESSIEURS,

Dans les calamités en général il est nécessaire de se réunir et de prendre des mesures en commun pour les conjurer, ou au moins les atténuer si l'on ne peut les éviter.

Comme une loi sur la conversion des rentes 5 pour 100 doit être présentée de nouveau à la session prochaine, ainsi que M. le ministre des Finances en a pris l'engagement à la Chambre des Députés, le 9 juin dernier ; et ainsi que l'un de MM. les Députés l'a annoncé du haut de la tribune, en disant : *Les rentiers doivent se tenir pour avertis*.

Il serait donc nécessaire de présenter des pétitions collectives, l'une à M. le Ministre des Finances, une seconde à MM. les Pairs, et une troisième à MM. les membres de la Chambre des Députés, à l'ouverture de la session prochaine, par lesquelles ils seraient priés de rédiger cette loi dans les termes que j'indique dans ma brochure, car, entre deux alternatives, on doit toujours choisir celle de laquelle il doit résulter les moins funestes effets.

Et, comme tous se ressentiraient de la mesure telle qu'elle a été proposée jusqu'à présent, et que beaucoup, en réduisant leurs modiques revenus se verraient privés de leur stricte nécessaire, il n'est personne d'entre vous, Messieurs, qui n'ait intérêt à ce qu'elle soit rédigée dans les termes que je propose.

C'est en conséquence de ce, que je vous invite à vous réunir autant que possible et à présenter des pétitions dans ce sens à M. le Ministre des Finances, à MM. les Membres de la Chambre des Pairs et à MM. les Membres de la Chambre des Députés.

GUILLIEZ.

Nota. Plusieurs personnes ayant considéré qu'il serait nécessaire qu'un centre commun soit établi pour la signature de ces pétitions, et pour réunir le plus de signatures possibles, m'ont engagé à les rédiger moi-même. Ce que j'ai fait. En conséquence, je préviens MM. les rentiers et toutes personnes qui voudraient en prendre connaissance et les signer, qu'elles leur seront mises sous les yeux, tous les jours, n'importe à qu'elle heure, à mon domicile, *à Paris, rue St-Martin*, 76, *au coin de celle Rambuteau.*

www.ingramcontent.com/pod-product-compliance
Ingram Content Group UK Ltd.
Pitfield, Milton Keynes, MK11 3LW, UK
UKHW020448220726
13923UKWH00005B/2419

9 782019 268527